처음인 사람을 위한 쉬운 지식

9호 **연애** 쉽지

만드는 사람들

쉬운 정보 연구소

소소한소통의 쉬운 정보 연구소.
누구나 이해하기 쉬운 정보를 만드는 사람들이다.
어떻게 해야 더 쉽게 정보를 제공할 수 있을까?
매일 고민하고 연구한다.

밥푸리 글 쓰는 사람
밥을 먹어야 힘이 나는 사람.
여름의 뜨거운 태양을 좋아한다.

끼리 글 쓰는 사람
취미는 축구. 하지만 세상에 축구보다
더 재미있는 게 많다고 믿는다.

꼬슴 그림 그리는 사람
고슴도치를 좋아하고 세상에 귀여운
것이 더 많아지기를 바라는 사람

소피 그림 그리는 사람
5살 아들과 함께 산에서 도토리를
주워 키우는 엄마

쉽지

처음인 사람을 위한 쉬운 지식

다른 사람은 아는 것 같은데 왠지 나는 모르는 것.
나와 상관없는 이야기라고 생각했지만 궁금했던 것.
사실, 나도 알고 싶었던 것.

《쉽지》가 알기 쉽게, 이해하기 쉽게 설명합니다.
어떻게 해야 하는지 몰라서 시작도 못하는 일이 생기지 않도록.
처음인 사람에게 도움이 될 수 있도록.

《쉽지》는 발달장애인을 위해 이해하기 쉬운 글과 그림으로 만들었습니다.

쉽지는요

질문이 많아요
《쉽지》안에 있는 여러 가지 질문을 통해
주제와 관련된 생각을 해 볼 수 있어요.

다양한 사람들의 생각을 나눠요
발달장애인 당사자, 지원인 등
여러 사람의 의견과 생각을 알아볼 수 있어요.

쉽지가 필요한 사람

처음인
사람

더 많이
알고 싶은
사람

새로운 경험을
해 보고 싶은
사람

시작하는 글

사실 '연애'를 알려 주는 책은 한참 뒤에 만들고 싶었습니다.
연애에는 정답이 없고 직접 경험해 봐야 알 수 있는 게
많으니까요. 그렇지만 우리는 용기를 내서 이번《쉽지》연애
편을 완성했습니다! 연애를 한다, 또는 하지 않는다를
누구나 직접 선택할 수 있었으면 했거든요.
제가 아는 발달장애인은 대부분 연애를 경험해 볼 기회가
없었어요. 마치 먼 우주에서 일어나는 일처럼 연애는 그들의
삶 '바깥'에 있었습니다. 하지만 그것은 스스로 선택한 일이
아니었어요. 연애에 대해 알려 주는 사람도 주변에 없었죠.
그렇다 보니 누군가를 좋아하는 자기 마음을 알아차리지
못하는 사람, 표현이 서툴러서 오해받는 사람,
상대방의 마음을 사랑으로 착각하는 사람,
사랑하는 마음을 나쁘게 이용당하는 사람도 있었어요.

누구나 처음은 서툴고 모르는 게 당연합니다. 하지만 미리
알아 두거나 준비한다면 더 좋은 선택을 할 수 있습니다.
실수를 줄일 수도 있지요. 연애도 마찬가지예요. 이번《쉽지》
연애 편에는 자신의 마음을 알아보는 것부터 고백, 데이트,
다툼과 이별까지 연애의 모든 과정에서 알아 두면 좋은 것들이
담겨 있어요. 특히 저는 누군가를 좋아하는 그 마음을 소중히
여기는 지환 님의 이야기, 영주 님과 진호 님 부부가 들려주는
알콩달콩 연애 시절 이야기가 좋아서 여러 번 읽었습니다.
연애에 대해 궁금하지만 물어볼 데가 없을 때 이 책은 당신에게
든든한 친구가 되어 줄 거예요. 무엇보다 당신의 삶 '안'에
연애라는 단어가 한 번쯤은 등장했으면 합니다.
마음을 주고받는 일처럼 살면서 중요한 일은 없으니까요.

쉬운 정보 연구소를 이끄는 사람,
래곤 드림

순서

3
만드는 사람들

7
시작하는 글

연애란 무엇일까?

13
연애의 의미

14
쉬운 정보 연구소가 생각하는 연애

16
알아 두면 좋은 단어

연애에 대한 대화

20
첫 번째 대화
윤지환

26
두 번째 대화
박영주 백진호 부부

32
연애에 대한 10가지 질문

33
연애에 대한 쉬운 정보

나에 대해 알기
나를 사랑하기
상대방을 매너 좋게 대하는 방법
대화를 시작하는 방법
연애 상대를 만날 만한 곳
사랑과 비슷한 감정
내 마음을 확인하는 방법
내 마음을 표현하는 방법
상대방의 마음을 확인하는 방법
상대방과 더 친해지고 싶을 때
고백하는 방법
첫 데이트를 위한 준비
현실적인 데이트
나를 지키는 연애
행복한 연애를 위한 노력
애정 표현 하기
애인과 싸우고 화해하는 방법
스킨십을 할 때 기억할 것
연애할 때의 다양한 감정
이별하는 방법
이별을 이겨 내는 자세
연애를 이용한 범죄

64
당신의 연애를 응원해요
사회복지사 김지혜

66
사랑이 많은 아들 지환이에게
사회학자 정병은

68
우리의 이야기

70
독자 코너

연애란 무엇일까?

연애는 두 사람이 하는 것입니다.

연애를 하려면 두 사람이 서로에게 좋아하는 감정이 있어야 합니다.

연애하는 동안에는 서로만 좋아하기로 약속해야 합니다.

좋아하는 마음이 사라졌을 때 연애를 그만할 수도 있습니다.

연애의 의미

내가 하고 있는 것이 연애인가? 아닌가?
헷갈릴 때도 있습니다.
연애를 무엇이라고 이해하고 있나요?
연애의 의미를 생각해 봅시다.

연애란 두 사람이 서로 좋아하고
사랑해서 사귀는 것입니다.
친구를 좋아하는 것과는 다릅니다.
연애를 하게 되면 서로에게 아주
중요한 사람이 됩니다.

연애를 하려면
내가 누군가를 좋아해야 하고,
내가 좋아하는 사람도 나를 좋아해야 하고,
서로 용기 내서 좋아하는 마음을 표현해야 합니다.

연애를 시작하고 싶다면 가장 먼저
세 가지의 질문이 필요합니다.

- 나는 어떤 사람을 좋아할까?
- 그 사람도 나를 좋아하려면 어떻게 해야 할까?
- 내 마음을 어떻게 표현해야 할까?

연애란 무엇일까?

쉬운 정보 연구소가 생각하는 연애

쉬운 정보 연구소는 연애에 대해 어떻게 생각하고 있을까요?
《쉽지》 연애 편에는 쉬운 정보 연구소의 생각이 여기저기 담겨 있습니다.
《쉽지》 속에 있는 쉬운 정보 연구소의 생각 말풍선을 찾아보세요.

밥푸리	끼리

연애를 하면 솔직해지는 것 같아요. 용감해지기도 하고요. 그리고 나도 몰랐던 나의 좋은 점과 못난 점을 알게 돼요. 상대방을 위해 나의 좋은 점은 더 많이 만들고, 못난 점은 없애려고 노력하게 돼요. 연애는 서로를 서로에게 더 좋은 사람으로 만들어 주는 것 같아요.

상대방이 세상에서 가장 귀엽고 사랑스러워 보이는 게 연애 아닐까요? 상대방의 말이라면 그게 무슨 말이든 믿고 따르고 싶은 마음이 들어요. 함께 자주 웃고 둘만 아는 이상한 웃음소리가 생기기도 하죠. 만나기로 한 장소에서 상대방을 기다리다가, 아주 멀리서부터 상대방이 걸어오는 모습만 봐도 누구인지 한눈에 알아볼 수 있게 돼요.

꼬슴

연애는 상대방이 아무 이유 없이
울어도 "그냥 내 어깨에 기대"라고
말해 주는 것 아닐까요.
맛있는 것 먹을 때나 좋은 것을 보면
항상 그 사람이 생각나요.
연애하는 동안 상대방의 생각,
감정을 알기 위해 노력하는데
그러다 보면 내가 어떨 때 행복한지,
슬픈지도 알게 되더라고요.
연애는 참 신비한 경험 같아요.

소피

사실 저는 연애를 여러 사람과,
오랫동안 하지는 않았답니다.
가장 긴 연애가 1년 정도예요.
여러 사람을 만나 보는 것도 좋지만
자기 자신에 대해 곰곰이 생각해 보는
시간을 갖는 것이 좋은 관계에
도움 된다고 생각해요.

연애란 무엇일까?

알아 두면 좋은 단어

기 념 일

애인과 함께 기념하는 특별한 날. 사귄 지 1년 되는 날 등 사귄 날짜와 관련된 기념일도 있고 밸런타인데이처럼 초콜릿이나 선물을 주고받는 기념일도 있다.

예 우리 100일 기념일에 놀이동산도 가고, 맛있는 것도 먹으러 가자!

데 이 트

사귀는 사람과 단둘이 만나는 일.
애인과 함께 시간을 보내는 것은 전부 데이트라고 한다.

예 오늘 데이트 때 뭐 할까?

소 개 팅

다른 사람의 소개로 남자나 여자를 만나는 일.
친구나 동료 사이에서 자연스럽게 사귀는 경우도 있지만 소개팅으로 연애를 시작할 수도 있다.

예 내 주변에 너와 잘 어울릴 것 같은 사람이 있는데, 혹시 소개팅해 볼래?

스 킨 십

서로의 몸을 만지며 사랑을 느끼는 행동.
손잡기, 머리 쓰다듬기, 꼭 껴안기, 뽀뽀 등이 스킨십이다.

예 손 잡아도 될까? 스킨십이 불편하다면 꼭 말해 줘.

애 인

사귀는 사람을 부르는 말.
연인, 여자친구, 남자친구라고도 부른다.

예 나는 애인을 만나서 정말 행복해!

질 투

내 애인이 다른 사람을 좋아하는 것처럼 보일 때 드는 감정.
애인을 뺏기는 것 같아 속상한 마음이 든다.

예 질투하지 마~ 나는 너뿐이야!

콩 깍 지

상대방에게 반한 것을 '콩깍지가 씌었다'라고 표현한다.
콩깍지가 씌면 상대방이 어떤 행동을 하더라도 좋아 보인다.

예 나는 그 사람이 뭘해도 다 예쁘더라.
　　　콩깍지가 씌었나 봐!

호 감

좋게 생각하는 마음.
호감이 점점 커지면 사랑하는 마음이 될 수도 있다.

예 나, 저 사람에게 호감이 생겨.
　　　사람이 정말 친절하더라고!

연애란 무엇일까?

연애에 대한
대화

첫 번째 대화

좋아하는 사람과 만난 지 100일째 되는 날 차를 마시고 싶어요.

윤지환

자기소개 해 주세요.

안녕하세요, 윤지환입니다.
타임뱅크코리아에서 일하고 있고,
스페셜아트에서 그림을 그리고 있어요.

지환 님은 지금 연애 중인가요?

아니요. 좋아하는 사람은 있어요.

**좋아하는 사람을 생각하면
어떤 마음이 드나요?**

반갑고 두근두근거려요.
갑자기 당황스러울 때도 있어요.

언제 당황스러운가요?

제가 콜라 마신 걸 들킬까 봐
당황스럽고 걱정돼요.
좋아하는 사람에게 잘 보이려고
운동하고 있는데요. 근데 가끔
콜라를 마셔요. 제가 콜라를 마시면
살이 쪄서 그 사람이 싫어할 거 같아요.

운동은 자주 하세요?

배가 뚱뚱하면 제가 좋아하는 사람이
저를 싫어할까 봐 일주일에 2번씩
헬스장에서 헬스 선생님과 운동해요.
살을 빼면 양복 입을 때 더 멋져 보여요.

좋아하는 사람과 데이트하게 된다면 무엇을 하고 싶나요?

만난 지 100일째 되는 날
차를 마시고 싶어요.
"차 마실래?"라고 물어볼 거예요.
집 베란다에서 술도 마시고 영화도
보고 싶어요. 애인 생기면 같이
영화 보려고 LG 그램 17인치
화이트 노트북 샀어요.
17인치라서 화면이 커요.
노트북 사서 정말 좋았어요.

지환 님은 가수 헬로비너스를
좋아합니다. 헬로비너스 노래 중에
<차 마실래?>가 있는데요. 가사에
만난 지 100일 되는 날 "차 마실래?"라고
물어보겠다는 내용이 있어요.

그동안 지환 님을 두근거리게 한 사람이 있나요?

윤○○, 하○○, 손○○, 최○○

지환 님은 그 사람들을 왜 좋아했나요?

궁금해서 좋아했어요.
평소에 뭘 하는지 궁금했어요.

지환 님이 좋아하는 사람들도 지환 님을 좋아했나요?

예전에 제게 초콜릿 준 사람도 있었고,
저랑 손잡은 사람도 있었어요. 근데
저를 좋아한다고 말하지는 않았어요.
지금 좋아하는 사람이 저를
좋아하는지는 모르겠어요.
기다려 봐야 해요. 기다릴 줄 알아야
해요. 마음을 알려면 오래 걸려요.

2021. 윤지환 「내 사과를 받아줘」 실크스크린 ©윤지환·(주)스페셜아트   2021. 윤지환 「좋아해서 그렸어요」 실크스크린 ©윤지환·(주)스페셜아트

**혹시 좋아하는 사람에게
실수한 적이 있나요?**

친구에게 제가 좋아하는 사람의
연락처를 알려 준 적이 있어요.
근데 제 친구가 그 사람에게
전화를 많이 했어요.
하면 안 되는 일이라는 걸
나중에 알았어요. 실수해서
미안하다고 사과했어요.
지금은 절대 알려 주지 않아요.
조심하고 있어요.
연락처는 중요한 정보예요.

**지환 님 주변에 연애 상담 해 주는
사람이 있나요?**

엄마랑 많이 대화해요. 예전에
6살 차이 나는 동생을 좋아한 적이
있었는데요. 그때 사진 가르쳐 준
선생님이 "6살 차이 나는 여자를
만나면 후회하게 된다"고 했어요.
근데 저는 후회 안 해요.
저는 괜찮아요.

사실 사진 선생님도 6살 어린
아내와 결혼했는데요. 지환 님도
좋아하는 동생과 6살 차이 난다는 말을 듣고
놀리려고 장난으로 말했다고 합니다.
하지만 지환 님은 나라면 절대 후회하지
않았을 거라고 여러 번 말했습니다.

운동 가르쳐 주는 선생님이 좋아하는
사람에게는 살짝 무심한 척해야 한다고
했어요. 너무 적극적으로 표현하면
부담스러워할 수 있다고 했어요.
그리고 제가 좋아하는 사람이
말할 때는 입꼬리를 올리면서
"왜에~?"라고 대답을 해 주래요.

**연애할 때 가장 중요한 자세는 뭐라고
생각하세요?**

다정다감하게 행동하는 것이요.
도움을 주는 것도 중요해요.

**마지막으로 지환 님은 좋아하는 마음을
어떻게 표현하나요?**

머리끈이나 머리핀 같은 선물을 한
적이 있어요. 그리고 그림을 그려요.
〈좋아해서 그렸어요〉는
좋아하는 사람을 그린 거예요.
〈내 사과를 받아줘〉는 연락처를
다른 사람에게 알려 줘서
미안한 마음을 표현했어요. ♨

짧게 보는 대화

지금까지의 대화를 짧게 정리했어요.

🍚 지환 님과 명함을 주고받으며 제 이름을 소개하니, 지환 님이 이런 말을 했습니다. "매니저님 이름 이뻐서 기억하고 싶어요" 상대방에게 친절하게 대하고, 좋아하는 마음을 부끄러워하지 않고 표현하는 지환 님의 이야기, 다시 한번 살펴볼게요.

1 — 지환 님은 좋아하는 사람에게 좋은 모습을 보이고 싶어서 노력합니다. 일주일에 2번 운동하러 가고, 좋아하는 콜라를 마시면 살이 찔까 봐 가끔만 마십니다.

2 — 지환 님은 애인과 함께해 보고 싶은 일이 많습니다. 함께 차를 마시고, 술도 마시고, 집에서 영화도 보고 싶습니다. 영화 보기 좋은 화면이 큰 노트북도 미리 준비해 두었습니다.

3 — 지환 님은 누군가를 좋아하는 마음을 후회하지 않습니다. 나를 좋아하는 것 같지 않아도 기다리며 마음을 표현합니다. 좋아하는 사람에게 실수할 때도 있지만 같은 실수를 하지 않도록 조심하고 노력합니다.

4 — 지환 님 곁에는 지환 님의 연애를 응원하는 사람이 많습니다. 좋아하는 사람에게 다가가고 싶은 지환 님의 마음을 이해합니다. 어떻게 해야 마음을 잘 표현할 수 있을지 함께 고민합니다.

좋아하는 마음을 표현하는 일은 용기와 노력이 필요한 것 같아요. 여러분은 좋아하는 사람에게 어떻게 마음을 전하고 있나요? 지환 님의 인터뷰를 보며 천천히 생각해 보세요.

두 번째 대화

말수가 적은 아내에게 말했어요.
"사랑을 해 보자!"

박영주 백진호 부부

자기소개 해 주세요.

박영주 경상북도 구미에서 살고 있는 박영주라고 해요. 저는 특수학교를 나왔고, 원래는 요양원에서 일을 했어요. 지금은 집안일을 하면서 4명의 아이를 키우고 있어요. 곧 다섯째가 태어나요.

백진호 박영주의 남편 백진호예요. 장애인복지관에서 다른 장애인들을 돌보는 일을 하고 있어요. 밥을 차려 주고, 운동할 수 있도록 돕고, 차를 운전해 주고 있습니다. 아내와 4명의 아이들과 함께 살고 있어요. 첫째는 11살, 둘째는 7살, 셋째는 6살, 넷째는 2살이에요.

언제 처음 만났나요?

박영주 2010년 가을에 대전장애인체육대회에서 처음 만났어요.

백진호 아내가 체육대회에서 창 던지기, 원반 던지기, 투포환 같은 운동을 아주 잘했고 좋은 성적을 냈어요. 그 모습을 보고 한눈에 반했어요. 아내는 말수가 적은 편이었는데, 제가 먼저 말했어요. "사랑을 해 보자!"

박영주 저는 "그러자!"고 했어요. 5년 연애하고 2015년에 결혼을 했어요.

연애를 막 시작했을 때 어떤 데이트를 했나요?

백진호 경상북도 김천에 가서 같이 돼지고기 뒷다리살을 먹었어요. 그리고 우리는 사랑을 나누었어요. 둘 다 직장 생활을 할 때니까 일 마치고 같이 밥 먹고 여행을 다녔어요.

박영주 경상북도 포항의 호미곶이 가장 좋았어요.

요즘에는 어떤 데이트를 하나요?

백진호 아이들 때문에 둘이서 데이트를 하진 못하지만, 마트에 나들이를 가거나 지금도 여행을 종종 가곤 해요.

박영주 최근에는 경상북도 상주에 있는 곤충 박물관에 다녀왔고, 안동댐도 보고 왔어요.

서로 선물을 자주 주고받나요?

백진호 영주에게 옷 선물을 자주 해요. 최근에는 속옷, 화장품을 선물했고요. 영주는 저에게 선물은 안 주고 마음만 줘요. 마음만 줘도 만족해요. 저를 만나준 것만으로도 고맙거든요. 저에게 눈빛만 보내 줘도 좋아요. 큰돈이 생기면 반지를 선물해 주고 싶어요.

두 사람은 아직 결혼 반지가 없다고 합니다. 이 말을 할 때 영주 님에게 아낌없이 주고 싶은 진호 님의 마음이 느껴졌어요.

연애하면서 가장 어려웠던 부분은 무엇인가요?

백진호 저희 둘 다 돈이 없었어요. 돈을 많이 못 벌 때예요. 일을 해도 최저임금밖에 받지 못했어요. 집 사정도 좋지 않았고요. 그래서 데이트를 자주 하지 못했어요. 그런데 지금은 더 벌고, 장애인 연금도 받으면서 지내요. 꿈이 이루어졌어요.

연애를 시작하기 전, 연애에 대한 교육을 받아 본 경험이 있나요?

박영주 없어요. 다 TV 드라마로 배웠어요.

백진호 드라마를 보니까 연애를 하면 같이 밥을 먹고, 집에 찾아가고, 여행을 다니더라고요. 친구들은 다들 바쁘니까 연애에 대해 물어볼 수 없었어요.

연애하고 싶은 발달장애인이 어떻게 해야 연애를 시작할 수 있을까요? 어디에서 사람을 만나 연애를 시작하면 좋을까요?

박영주 백진호 그건 저희도 잘 모르겠어요.

서로를 부르는 애칭이 있나요?

백진호 영주야.

박영주 오빠.

백진호 '자기', '여보', '당신' 같은 말은 쑥스러워서 못 하겠더라고요.

박영주 사랑한다는 말을 많이 하고, 뽀뽀도 자주 해요.

싸운 적도 있나요?

백진호 집안일로 크게 싸운 적이 있어요. 밥, 청소 같은 걸로 싸웠어요. 막 화를 냈어요. 그래도 미안하다 말하고 화해를 했어요. 지금은 싸우지 않아요.

연애할 때 특히 조심한 것이 있나요?

박영주 주변 사람들을 조심스럽게 대해야 해요.

백진호 가족들, 아는 사람들에게 잘해야 해요. 그게 중요해요.

연애할 때 가장 중요한 것은 무엇일까요?

백진호 돈이에요.
돈이 있어야 연애를 할 수 있어요.
돈이 없으면 자주 데이트를
할 수 없어요. 물가도 너무 많이
오르니까요. 지금은 돈을 많이 벌고,
아이들도 있고, 마음이 편안해요.

**'연애'라는 말을 들으면
어떤 단어가 떠오르나요?**

박영주 백진호 마음이요.

서로를 만나게 된 후 어떤 변화가 생겼나요?

백진호 자식이 생기면서 아기를 잘
보게 되었어요. 아기가 똥을 싸도
잘 치울 수 있어요. 그리고 저희는
서로를 예의 있게 대해요.
그게 좋아서 결혼하게 되었어요.

**연애를 하고 싶은 발달장애인에게
전하고 싶은 말이 있나요?**

박영주 할 수 있다! 하면 된다!

백진호 평소에 열심히 일하고,
마음에 드는 사람이 생기면
솔직하게 고백하세요.

두 분께 '연애'란 어떤 의미인가요?

박영주 백진호 (큰 목소리로) 같이 가자!

마지막으로 하고 싶은 말을 전해 주세요.

백진호 다른 지적장애인들을 만날
때마다 눈물이 나요. 생활이 안 되는
지적장애인들이 많아요.

박영주 생활할 수 있도록 도와줘야
해요. 지적장애인도 살아야 하잖아요.

백진호 아직 우리 사회는 지적장애인이
살기 어려워요. 우리도 일어설 수
있어야 하는데, 지적장애인들도
일어설 수 있어야 하는데, 아직 그렇지
못해요. 그래서 눈물이 나요. ☻

짧게 보는 대화

지금까지의 대화를 짧게 정리했어요.

갑자기 연애하고 싶어지는 이 기분, 저만 느끼는 감정은 아니겠죠? 서로를 아끼고 사랑하는 두 사람이 같은 공간에서 함께 살아가는 일. 정말 소중한 일인 것 같습니다. 어느 날 우연히 만나 첫눈에 반하고 서로를 사랑하기 시작한 두 사람의 이야기, 다시 한번 살펴볼게요.

1 — 진호 님과 영주 님은 2010년 장애인체육대회에서 처음 만났습니다. 진호 님이 영주 님에게 고백하면서 연애를 시작하게 되었습니다. 함께 음식을 먹고, 여행을 다니다 2015년에 결혼해 지금은 4명의 아이와 함께 살고 있습니다.

2 — 진호 님과 영주 님은 연애에 대한 교육을 받은 적이 없고, 연애에 관한 건 모두 TV 드라마를 통해서만 배웠습니다. 연애도 하고 결혼도 했지만 발달장애인이 연애하려면 어떻게 해야 하는지는 잘 모릅니다.

3 — 연애를 할 땐 서로를 예의 있게 대하고 사랑한다는 말도 자주 하면 좋습니다. 주변 사람들에게도 친절히 대하고, 돈도 열심히 벌면 더욱 좋지요.

4 — 진호 님과 영주 님은 '연애'라는 말을 들었을 때 '마음'이라는 단어를 떠올립니다. 두 사람에게 연애란 손잡고 같이 가는 일입니다. 사랑하는 사람을 만나 연애하려면, 좋아하는 사람이 생겼을 때 솔직하게 고백해야 합니다.

여러분들은 어떤 사람을 만나 연애하고 싶나요?
그 사람과 어떤 데이트를 함께 즐기고 싶나요?
진호 님과 영주 님의 이야기를 읽고 한번 천천히 생각해 보세요.

연애에 대한
10가지 질문

여기 나온 10가지 질문을 이용해 친구, 가족과 함께 연애에 대해 대화를 나눠 보세요.

1
애인이 생긴다면 가장 먼저 **뭘 하고 싶어**?

2
가장 **처음 좋아했던 사람**은 누구야?

3
좋아하는 사람에게 **주고 싶은 선물** 있어?

4
널 좋아하는 사람이 있다면 어떨 것 같아?

5
기념일이 되면 뭐할 거야?

6
사랑에 관련된 **노래** 아는 거 있어?

7
이상형은 어떤 사람이야?

8
좋아하는 사람 때문에 **울어 본 적** 있어?

9
좋아하는 사람에게 **잘 보이려고 노력**해 본 적 있어?

10
지금 좋아하는 사람 있어?

연애에 대한 쉬운 정보

 연애 준비
- 나에 대해 알기
- 나를 사랑하기
- 상대방을 매너 좋게 대하는 방법
- 대화를 시작하는 방법
- 연애 상대를 만날 만한 곳
- 사랑과 비슷한 감정
- 내 마음을 확인하는 방법
- 내 마음을 표현하는 방법
- 상대방의 마음을 확인하는 방법
- 상대방과 더 친해지고 싶을 때
- 고백하는 방법

 연애 초반
- 첫 데이트를 위한 준비
- 현실적인 데이트
- 나를 지키는 연애
- 행복한 연애를 위한 노력

 연애 중반
- 애정 표현 하기
- 애인과 싸우고 화해하는 방법
- 스킨십을 할 때 기억할 것
- 연애할 때의 다양한 감정

 이별
- 이별하는 방법
- 이별을 이겨 내는 자세
- 연애를 이용한 범죄

나에 대해 알기 ♡

연애는 서로 다른 두 사람이 만나는 일입니다.
서로를 잘 이해한다면 만남은 더 즐거워지고
관계가 오래 갈 수 있을 거예요.

좋은 관계를 위해서는 상대방을 이해하는 것도
중요하지만 그 전에 나에 대해서 잘 알아야 합니다.
나를 알아보고 싶다면 스스로에게 질문해 보세요.

나를 알아보는 질문

❶ 내가 **좋아하는 것**은 무엇인가요?

저는 밥을 맛있게 먹어요.
잘 웃는 사람을 좋아해요.

❷ 내가 **싫어하는 것**은 무엇인가요?

❸ 나는 **언제 기쁜가요**?

❹ 나에게 **가장 소중한 것**은 무엇인가요?

❺ 나는 무엇을 할 때 가장 **행복한가요**?

❻ 나의 **취미**는 무엇인가요?

❼ 나는 사람들과 **어울리는 것**이 좋은가요,
혼자만의 시간이 좋은가요?

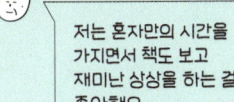
저는 혼자만의 시간을
가지면서 책도 보고
재미난 상상을 하는 걸
좋아해요.

❽ 나는 **차분한** 사람인가요?
활발한 사람인가요?

❓ 나는 어떤 사람인가요? 위의 질문 중 마음에 드는 것을 골라
아래 칸에 적어 보세요.

_____

_____

_____

나를 사랑하기 ♡

자신을 사랑하는 사람은
다른 사람의 눈에도 멋지게 보입니다.
다른 사람을 사랑하기 전에, 나를 먼저 사랑해 주세요.
나는 '내 모습 그대로 아주 멋진 사람이다'라고
생각해 보세요.

내가 좋아하는 것이라면 무엇이든 멋진 것입니다.
부끄러워하거나 감추지 않아도 됩니다.
나의 장점, 칭찬할 점을 찾아보고
빈 공책에 적어 보세요.
내게 장점이 많다는 것을 알게 될 거예요.

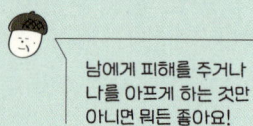

남에게 피해를 주거나
나를 아프게 하는 것만
아니면 뭐든 좋아요!

상대방을 매너 좋게 대하는 방법 ♡

어떤 사람은 예의 바르고 친절한 행동으로
다른 사람을 편안하게 만들어 줍니다.
그 사람과 함께 있으면 마음이 편해지고
더 친해지고 싶은 마음이 들지요.
그런 사람을 **매너**가 좋은 사람이라고 부릅니다. 영화 <킹스맨>을 보면 "매너가 사람을 만든다"라는 말이 나오죠! 매너가 좋은 사람은 정말 멋있어요.
누군가와 친해지고 싶다면
매너 좋은 사람이 되도록 노력해 보세요.

● 매너 : 예의 바르고 친절하게 행동하는 것

매너 좋은 사람의 특징

❶ 상대방을 존중하고 배려한다
상대방이 싫어하는 행동은 하지 않습니다.

❷ 고운 말을 사용한다
상대방에게 욕하거나 기분 나쁜 말을
하지 않습니다.

❸ 다른 사람의 말을 잘 들어준다
상대방이 말할 때는 핸드폰을 보거나
딴짓하지 않습니다.

❹ 깨끗하게 다닌다
매일 깨끗하게 씻고 옷을 자주 빨아서 입습니다.

대화를 시작하는 방법 ♡

상대방이 어떤 사람인지 알 수 있는
가장 좋은 방법은 대화입니다.
대화로 상대방의 생각과 성격,
좋아하는 것, 싫어하는 것을 알 수 있지요.
나와 잘 맞는 사람인지도 알아볼 수 있습니다.
친해지고 싶은 사람이 있다면 말을 걸어 보세요.

대화를 시작할 때는 상대방이
대답하기 쉬운 질문을 먼저 해 보세요.
무엇을 좋아하는지 물어보는 것이 가장 좋습니다.
평소에 뭘 하는지 질문하는 것도 좋습니다.

- 좋아하는 **음식**이 뭐예요?
- 좋아하는 **노래**가 뭐예요?
- **강아지**나 **고양이** 좋아하세요?
- **야구**나 **축구** 좋아하세요?
- **주말**에는 뭐 하세요?

❓ 또 어떤 질문을 하면 좋을까요? 아래 칸에 적어 보세요.

_____

_____

_____

상대방이 대답하면 고개를 끄덕이면서
잘 들어 주세요. 혹시 나와 공통점이
있다면 상대방에게 알려 주세요.
그다음 궁금한 것을 새롭게 질문하며
대화를 이어갑니다.

> 공통점이 있으면 대화를 나누기 훨씬 편하더라고요. 취미가 같으면 함께 취미 생활을 즐겨 볼 수도 있고요.

질문이나 이야기할 것이 더 없을 때는
억지로 대화를 이어가지 않아도 됩니다.
궁금한 것이나 하고 싶은 말이 생각나면
그때 다시 이야기하세요.

<소개팅하는 중>

연애 상대를 만날 만한 곳 ♡

연애 상대는 평소에 내가 자주 가는
안전하고 익숙한 곳에서 만나는 것이 좋습니다.
학교, 복지관, 동아리, 직장, 자조모임에서
만나는 것이 좋습니다.

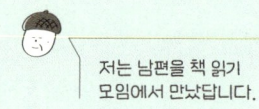
저는 남편을 책 읽기
모임에서 만났답니다.

모르는 사람과 온라인 채팅, SNS 메신저,
데이트 앱을 통해서 만나는 것은 추천하지 않습니다.
상대방이 어떤 사람인지 알 수 없기 때문이에요.
약속 장소에 위험한 사람이 나올 수도 있습니다.

● 데이트 앱 : 온라인으로 연애 상대를 만날 수 있는 앱.
   앱으로 상대방의 외모, 성별, 나이를 알아볼 수 있다.
   하지만 자신의 개인정보를 속여서 등록하는 사람도 있다.

학교·복지관·동아리
직장·자조모임

카카오톡 오픈 채팅
페이스북 메신저·데이트 앱

사랑과 비슷한 감정 ♡

좋아하는 친구, 동료, 선생님에게 느끼는 감정과
연애하고 싶은 사람에게 느끼는 감정은
비슷하지만 서로 다릅니다.

❶ 호감

상대방의 좋은 점을 봤을 때 생기는 감정입니다.
외모가 멋져 보일 때, 목소리나 성격이
좋아 보일 때 호감이 생깁니다.
호감은 생겼다가 바로 사라질 수 있어서
사랑과는 다르지만 호감이 점점 커지면
사랑의 감정이 될 수도 있습니다.

❷ 우정

친구, 동료에게 느낄 수 있는 감정입니다.
내가 친하다고 생각하는 사람에게
우정을 느낍니다.

❸ 존경심

선생님이나 유명한 사람에게
느낄 수 있는 감정입니다.
나를 잘 가르쳐 주거나 훌륭하고
대단한 일을 한 사람에게 존경심을 느낍니다.

내 마음을 확인하는 방법 ♡

내가 상대방을 사랑하는 것일까? 아닐까?
헷갈릴 수도 있습니다.
내가 상대방을 사랑하는 것인지 확실히 알고 싶나요?
내가 상대방에게 어떻게 행동하고 있는지
살펴보면 나의 마음을 확인할 수 있습니다.

사랑에 빠진 사람의 특징

❶ 상대방이 더 알고 싶어진다
사랑에 빠지면 상대방이 무엇을 좋아하는지,
평소에 시간을 어떻게 보내는지,
궁금한 게 많아집니다. 상대방에 대해
더 많이 알고 싶어집니다.

저는 상대방이 좋아하는 노래, 자주 만나는 친구도 궁금해지더라고요. 하나부터 열까지 다 궁금해져요!

❷ 상대방과 가까워지고 싶어진다
사랑에 빠지면 상대방의 손을
잡고 싶거나 안고 싶거나 만지고 싶다는
생각이 들 수 있습니다.

❸ 상대방이 기뻐하는 모습이 좋다
사랑에 빠지면 상대방이 행복해하고
기뻐하는 모습을 보고 싶어서
선물을 준비하거나, 배려하거나,
도움을 주려고 노력합니다.

❹ 상대방이 나만 좋아하기를 바란다

사랑에 빠지면 상대방이 나만 좋아하고
나에게만 관심 갖기를 바랍니다.
상대방이 다른 사람을 좋아하는 것처럼
느껴지면 질투합니다.

❺ 상대방의 실수하는 모습도 귀여워 보인다

사랑에 빠지면 상대방이 옷에 음식물을
묻혀도 큰 소리로 트림을 하더라도
밉거나 싫지 않고 귀엽게 보입니다.

이럴 때 '콩깍지가
씌었다'고 하죠!

내 마음을 표현하는 방법 ♡

어떻게 해야 좋아하는 사람에게
내 마음을 전할 수 있을까요?
쑥스러워도 말이나 행동으로 표현해야 알 수 있습니다.
내가 상대방을 얼마나 생각하고 있는지를
조금씩 천천히 표현해 보세요.

❶ 변화를 눈치채고 말해 주기

상대방이 머리의 모양을 바꿨거나
평소와 다른 스타일의 옷을 입었을 때
칭찬하며 이야기해 보세요.

> 파마했어? 잘 어울린다!

> 처음 보는 옷 같아요. 예쁜 옷이네요.

❷ 상대방을 향해 밝게 웃기

상대방이 하는 말에 잘 웃어 주세요.
자신의 말에 웃는 내 모습을 보면
상대방도 기분이 좋아질 거예요.

❸ **칭찬하기**

상대방의 좋은 점을 칭찬하며
내 생각을 말로 표현해 보세요.

> 너 진짜 웃기다. 너랑 있으면 너무 재밌어!

> 말을 잘하시는 거 같아요.
> ○○ 님과 대화하면 시간이 정말 잘 가네요.

❹ **다정하게 대하기**

뒤에 따라오는 상대방을 위해 문을 잡아 주거나,
식사 자리에서 수저, 휴지 등을 챙겨 주세요.
무거운 짐을 들고 있을 때 도와주는 것도 좋아요.

상대방의 마음을 확인하는 방법 ♡

누군가를 좋아하면 그 마음이 행동으로 티가 납니다.
상대방의 마음을 알고 싶다면 그 사람이 나를
어떻게 대하는지 살펴 보세요.
나를 좋아한다면 내게 이런 행동을 할 수도 있어요.

❶ 내가 좋아한다고 말한 것을 잘 기억하고 있다

❷ 나와 눈을 자주 마주친다

❸ 내게 전화나 메시지를 자주 한다

❹ 나를 보면 웃을 때가 많다

❺ 내 이상형을 궁금해한다

❻ 내 어깨에 기대는 등 스킨십을 자주 한다

❼ 나를 자주 칭찬한다

하지만, 내게 이런 행동을 한다고 해서
무조건 나를 좋아하는 것은 아닙니다.
확실하게 알고 싶다면 직접 물어보는 것이
가장 좋습니다.

원래 성격이 친절해서
누구에게나 이런
행동을 하는 사람도
있더라고요.

상대방과 더 친해지고 싶을 때 ♡

마음을 더 표현하고 싶다면 따로 연락을 해 보세요.
연락을 하면 얼굴 보고 만나지 못하는 때에도
서로 대화할 수 있습니다. 아직 친해지기 전이라면
전화는 부담스러워할 수도 있습니다.
그럴 땐 문자로 연락하는 것이 좋습니다.
문자로 오늘 뭐 했는지 물어보며 말을 걸어 보세요.

연락하기 전에 알아 두면 좋은 것

❶ 뭐 하는 중인지 물어본다

처음 문자를 보낼 때는 "지금 뭐해?"라고
물어보면 편안하게 대화를 시작할 수 있습니다.

❷ 재미있는 사진을 보낸다

뭐라고 문자를 보내야 할지 모르겠고,
쑥스러울 수도 있습니다. 그럴 때는
재미있는 사진이나 동영상을 보내 보세요.
즐거운 분위기에서 대화할 수 있을 거예요.

❸ 예의를 지킨다

상대방이 답장하지 않는다고 해서 계속
연락하는 것은 상대방을 불편하게 할 수 있습니다.
다른 일을 하는 중일 수도 있으니 기다려 주세요.
만약 계속 답장을 안 해 준다면 상대방이
내게 관심이 없다는 뜻입니다.

왜 답장이 안 올까
궁금하겠지만
다음날까지는 기다려
보세요. "미안해, 바쁜
일이 있었어!"라고
답장이 올지도 몰라요!

고백하는 방법 ♡

상대방을 내가 정말 좋아한다면,
사귀는 사이가 되고 싶다면
용기를 내서 고백해 보세요.

❶ 만날 약속 정하기
고백은 만나서 하는 것이 좋습니다.
둘이서 편안하게 대화할 수 있는
장소에서 만나기로 약속해 보세요.
카페, 공원, 식당이 좋습니다.

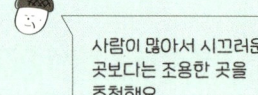
사람이 많아서 시끄러운 곳보다는 조용한 곳을 추천해요.

❷ 마음을 솔직하게 고백하기
어떻게 상대방을 좋아하게 됐는지
말하며 사귀자고 고백해 보세요.
솔직한 마음을 전하는 것이 중요합니다.
너무 긴장될 것 같다면 만나기 전에
집에서 연습해 보는 것도 좋습니다.

❸ 대답 기다리기
상대방이 내 고백을 듣고 바로 대답할 수도 있지만,
뭐라고 대답할지 고민할 수 있습니다.
상대방이 대답할 때까지 기다려 주세요.
대답하기 어려워한다면 지금 바로 대답하지
않아도 된다고, 기다리겠다고 말해 주세요.

상대방이 나의 고백을 받아 준다면
고맙고 행복한 마음을 표현해 주세요.
상대방이 나의 고백을 거절한다면
속상하지만 상대방을 존중해야 합니다.
"앞으로도 좋은 사이로 지내자"고
말하고 헤어지세요.

 거절인지 아닌지
헷갈리는 말을 할 때도
있더라고요!

거절당해서 마음이 아프고 속상할 때는
친한 친구와 가족에게 마음을 이야기해 주세요.
대화를 하다 보면 속상한 마음이
나아질 수도 있습니다.

 확실하게 "나도 네가
좋아"라고 말해 주지
않는다면 거절이라고
생각하는 게 마음 편한
것 같아요.

첫 데이트를 위한 준비 ♥

고백에 성공했다면 첫 데이트를 할 차례입니다.
데이트를 위해서는 어떤 준비가 필요할까요?

❶ 데이트 계획하기
만나서 어떤 일을 할지 미리 계획합니다.
둘이서 함께 계획하는 것이 좋습니다.
애인이 생기면 무엇을 하고 싶었는지
이야기 나누며 데이트를 계획해 보세요.

❷ 사용할 돈 준비하기
데이트에서 쓸 돈을 미리 계산해 준비합니다.
식사하거나 차를 마시거나 영화를 보려면
돈이 필요합니다. 가격을 미리 알아보고
사용할 돈을 준비하세요.

 돈은 한 사람이 낼 수도 있고, 각자 낼 수도 있어요!

❸ 옷 고르기
나에게 가장 잘 어울리는 옷을 골라 입습니다.
옷이 불편하면 데이트할 때 신경 쓰이기 때문에
편안한 옷이 좋습니다. 고른 옷은 미리
깨끗이 세탁한 후 입으세요.
데이트 계획에 맞춰 고르는 것도 좋습니다.
산책을 할 계획이라면 편한 운동화를 신어 주세요.

❹ **외모 꾸미기**

상대방에게 좋은 모습을 보여 주고 싶다면
외모를 잘 꾸며 주세요.
깨끗하게 씻고, 머리스타일을 정리합니다.
첫 데이트 때 잘 보이고 싶어서
꾸미다 보면 시간이 금방 흐릅니다.
약속에 늦지 않도록 시간을 잘 확인해 주세요.

현실적인 데이트 ♥

연애를 시작하면 데이트하며 애인과 시간을 보냅니다.
멋지게 꾸민 후 비싼 레스토랑에 가서 식사를 하거나,
놀이동산에 가서 신나게 노는 데이트를 꿈꾸고 있나요?

하지만 데이트는 화려하지 않아도 됩니다.
일상에서 편안한 모습으로 동네 카페에서 차를 마시고,
동네 식당에서 식사를 하는 평범한 행동도
애인과 함께라면 행복한 데이트가 됩니다.

추천 일상 데이트

❶ 함께 걷기

애인과 함께 동네 공원이나 집 주변을
산책해 보세요. 손을 잡고 함께 걸으며
대화를 나누는 것은 최고의 데이트입니다.

❷ 함께 먹기

서로가 좋아하는 음식과 식당을 소개하며
함께 맛있게 식사해 보세요. 가끔 유명한 맛집을
찾아 다니는 것도 재밌습니다.

❸ 함께 즐기기

코인노래방에 가거나, 서점 쇼핑을 하거나,
영화를 보거나, 자전거를 타는 등
취미 활동을 함께해 보세요. 서로의 취미를
알아가는 즐거운 데이트가 될 거예요.

저는 같이 배드민턴
치는 걸 좋아해요.
함께 땀 흘리며
운동하는 게 최고죠!

❓ 나는 어떤 데이트가 하고 싶나요? 아래 칸에 적어 보세요.

_____

_____

나를 지키는 연애 ♥

사랑에 빠지면 상대방이 세상에서
가장 예쁘고 멋져 보입니다.
상대방의 말이라면 무엇이든 들어주고 싶어집니다.

하지만 내 삶의 주인공은 나예요.
상대방을 배려하는 것은 중요하지만
나를 지키는 것이 더 중요합니다.
돈을 빌려달라거나 늘 같이 있자는 요청을
꼭 들어주지 않아도 됩니다.

애인이 원한다고 해서 무엇이든
다 해줘야 하는 것은 아닙니다.
상대방이 중요한 만큼 나도 중요하다는 것을
꼭 기억해 주세요.

행복한 연애를 위한 노력 ♥

좋아하는 애인과 오래오래 행복하게
사귀고 싶다면 서로 노력이 필요합니다.
사귀다 보면 서로에게 마음에 들지 않는
모습을 발견할 수도 있습니다.
서로 다른 사람이 만났기 때문에 당연한 것입니다.

싫은 모습을 발견했을 때는 솔직하게 말해 주세요.
기분 나쁠까 봐 말하지 않는다면 오해하고
서로를 점점 더 싫어하게 될 수도 있습니다.

애인과 함께 솔직하게 말하고 서로
그 행동을 줄이거나 멈추는 노력을 해보세요.
연애는 서로를 배려하며 맞춰가는 것입니다.

애정 표현 하기 💕

상대방에게 사랑을 표현하는 것을 '애정 표현'이라고 합니다.
애정 표현에는 다양한 방법이 있습니다.
애정 표현에는 여러 가지 방법이 있겠지만
상대방이 좋아하는 애정 표현을 하는 것이 좋습니다.
표현하면 할수록 그만큼 사이가 더 가까워지고,
서로를 사랑하는 마음이 더 커질 거예요.

❶ 호칭 정하기
상대방을 '자기', '여보'라고 부르는 등
이름 대신 서로만의 호칭을 정해 보세요.

❷ 편지 쓰기
상대방에 대한 나의 마음을 담아서
편지를 써 보세요.

같은 말도 편지로 들으면 느낌이 달라요.

❸ 선물 주기
꽃이나 상대방이 좋아하는 물건 등
선물을 건네 보세요.

저는 특별한 기념일이 아닐 때 받았던 꽃 선물이 기억에 남아요.

애인과 싸우고 화해하는 방법 💔

연애를 하다 보면 서로 생각이 달라 싸우게 될 수도 있습니다.
서로 생각이 다르기 때문에 당연히 싸울 수도 있지만,
내 말만 맞다고 생각하면 화해할 수 없습니다.
기분이 나쁘더라도 서로의 말을 잘 듣는 것이 중요합니다.

내가 잘못했다면 상대방에게 진심으로 사과해 주세요.
변명하지 않고 내가 잘못한 것을 확실히 말하며 사과한다면
애인도 내 마음을 이해하고 사과를 받아 줄 거예요.

싸울 때 절대 해서는 안 되는 것

- 상대방을 때리면 안 돼요.
- 상대방에게 욕하면 안 돼요.
- 상대방을 무시하면 안 돼요.

※ 상대방이 나를 때렸다면 주변에 도움을 요청하세요.

스킨십을 할 때 기억할 것 💕

스킨십은 서로의 몸을 만지며 사랑을 느끼는 행동입니다.
손잡기, 머리 쓰다듬기, 팔짱 끼기,
꼭 껴안기, 뽀뽀, 키스 등이 스킨십입니다.

스킨십을 할 때 가장 중요한 것은 서로의 허락입니다.
애인이어도 내 허락 없이 나의 몸을 함부로 만질 수 없습니다.
나도 애인의 허락 없이 애인의 몸을 함부로 만지면 안 됩니다.
서로 허락한 후에만 스킨십을 할 수 있습니다.

꼭 기억하세요

❶ 사랑하는 마음으로 하자
스킨십은 사랑을 표현하기 위한 행동입니다.
사랑하는 마음을 담아 주세요.

❷ 서두르지 말자
스킨십을 할 때는 천천히 하세요.
급하게 서두르면 애인이 당황할 수 있습니다.

❸ 스킨십은 둘만의 일이다
스킨십은 둘만의 소중한 일이니
애인과 스킨십한 것을 다른 사람에게 말하지 마세요.

❹ **장소를 구분해서 하자**

손 잡고 팔짱 끼는 스킨십은 괜찮지만
키스처럼 진한 스킨십은 다른 사람이 보면
싫어할 수 있습니다.

❺ **애인이 원하지 않으면 멈춘다**

애인의 허락을 받고 스킨십을 하더라도
중간에 그만하고 싶어 한다면 멈춥니다.
애인의 의견을 존중해 주세요.

연애할 때의 다양한 감정 ♥

연애를 하면 설레거나 행복한 감정 말고도
다양한 감정을 느끼게 됩니다.
늘 좋은 감정만 느끼는 것은 아닙니다.
나쁜 감정을 느낄 때도 있습니다.
다양한 감정을 느끼는 것은 당연한 일입니다.

실망

애인이 내 마음을 이해하지 못할 때,
내가 싫어하는 행동을 할 때,
애인에게 실망할 수 있습니다.

행복

애인과 함께하는 시간이 재밌을 때,
애인이 나에게 사랑한다고 말할 때,
행복을 느낄 수 있습니다.

서운함

애인이 바빠서 만나기 어렵다고 말할 때,
내가 한 말을 기억하지 못할 때,
서운함을 느낄 수 있습니다.

편안함

애인과 함께한다면 걱정이 없다고 느낄 때,
함께 있는 것이 불편하지 않고 자연스러울 때,
편안함을 느낄 수 있습니다.

이별하는 방법 💔

마음은 변할 수 있습니다. 사랑하는 마음이
사라지면 헤어질 수도 있습니다.
정말로 헤어지고 싶은지 깊이 생각해 보고
헤어지기로 마음을 정했다면 내 마음을
상대방에게 예의 있게 전해야 합니다.

이별을 전할 때는 전화나 문자보다
만나서 이야기하는 것이 좋습니다.
말하기 어렵다고 해서 연락을 끊어 버리거나
무시하는 것은 좋지 않습니다.
만나서 내 마음을 솔직하게 설명하고
헤어지자고 말합니다. 이때 상대방에게
너무 상처 되는 말은 하지 않도록 조심합니다.

저는 문자로 이별당한 적 있는데 정말 기분이 나빴어요! 부글부글~!

상대방이 내게 헤어지자고 말할 수도 있습니다.
그럴 때도 예의 있게 상대방의 말을 들어 주세요.
헤어진 후에 다른 사람에게 상대방을
욕하지 않습니다. 사랑했던 상대방에 대한
예의를 지켜 주세요.

너무 사랑해서 헤어지고 싶지 않다면 딱 한 번이라도 용기 내서 붙잡아 보시길!

이별을 이겨 내는 자세 💔

연애를 하다 보면 헤어지는 날이 올 수도 있습니다.
서로의 생각이 다르거나 마음이 맞지 않으면
이별하게 되지요.

사랑했던 사람과 헤어지는 것은 슬픈 일입니다.
마음이 찢어지는 것처럼 아프기도 합니다.
헤어진 사람이 계속 생각나기도 하고
사귀는 동안 했던 나의 행동이 후회되기도 합니다.

이럴 때는 내가 좋아하는 취미 생활을 하거나,
다른 친구들을 만나는 것이 도움이 됩니다.
잠을 푹 자거나, 가족에게 고민을 털어놓는 것도
도움이 될 수 있어요. 이별은 마음 아픈 일이지만,
또 다른 시작이 될 수도 있답니다.

연애를 이용한 범죄 ⚠️

사랑하는 마음을 이용해
범죄를 저지르는 사람도 있습니다.
상대방이 애인이라는 이유로
심한 요구를 하거나, 나를 함부로 대한다면
그것은 사랑이 아닙니다.
사랑하는 마음을 이용한 범죄입니다.

요구를 들어주지 않으면
"나를 사랑한다면 이 정도는 해 줄 수 있잖아."
"이런 것도 못 해줘? 정말 나를 사랑하는 거 맞아?"
라고 말하며 나의 마음을 의심하는 척하고,
나를 미안하게 만들 수도 있습니다.
이런 행동은 사랑이 아닙니다.
당장 헤어지세요.

사랑을 이용한 범죄 행동

① 큰돈을 빌려 달라고 하고 갚지 않는다.

② 내가 하기 싫은 스킨십을 강요한다.

③ 나의 허락 없이 나의 몸을 촬영하고 사진 찍는다.

당신의 연애를 응원해요

사회복지사 김지혜 | 한마음복지관

2022년에 제가 일하고 있는 한마음복지관에서 성인발달장애인을 위해 데이트코칭 프로그램을 운영한 적이 있어요. 그때의 이야기를 나눠 보려고 합니다. 주변에 연애를 하고 싶지만 어떻게 해야 할지 몰라 고민하는 발달장애인이 많았습니다. 방법을 몰라서 TV와 유튜브에서 보고 배운 걸로 상대방에게 고백했다가 거절당하고 힘들어하는 사람들도 있었어요. 사람이라면 누구나 내가 좋아하고 사랑하는 사람과 시간을 보내고 싶잖아요. 발달장애인에게 연애하는 방법을 교육하는 게 필요하다는 생각이 들어서 데이트코칭 프로그램을 시작하게 되었죠.

데이트코칭 프로그램에는 연애해 본 적 없는 사람, 연애는 하지만 아주 짧게 만나고 금방 헤어지는 사람 등 연애가 궁금한 사람들이 모였어요. 연애를 시작하려면 관심이 있는 사람과 친해져야 하고 좋은 관계를 만들어야 하잖아요? 그러려면 어떤 노력을 해야 하는지 같이 이야기했어요. 나만의 매력을 찾아보고, 나를 매력적으로 만드는 방법이 무엇인지, 어떤 식으로 대화할 때 상대방이 호감을 느낄지 스스로 생각해 본 후에 서로의 생각을 나눴어요. 점점 더 솔직하고 자유롭게 대화를 나누었지요. 5주 동안 프로그램을 진행하면서 참여하는 발달장애인들의 연애에 대한 생각이 점점 더 깊어지고 넓어진다는 생각이 들었어요.

지금 연애를 하고 싶은데, 좋아하는 사람이 있는데 어떻게
해야 할지 모르겠다고요? 그럴 땐 영상이나 책으로 혼자
공부하는 것도 좋지만 친구, 가족, 지원인 등 가까운 사람과
자주 이야기를 나눠 보면 도움이 될 거예요.
그리고, 사실 정답은 바로 내가 좋아하는 그 사람에게
있답니다. 가까운 사람과 대화를 나누면서 용기를 얻었다면,
그 다음은 좋아하는 사람에게 직접 물어볼 차례예요.
그 사람은 내가 어떻게 해야 할지 정답을 다 알고 있답니다.
사랑하는 사람과 함께하는 것은 정말 행복한 일이죠!
이 행복을 모두가 누리면 좋겠습니다. ♣

사랑이 많은 아들 지환이에게

사회학자* 정병은 | 작은물결연구소 대표

*사회학자 : 사회를 연구하는 사람

튤립 꽃처럼 미소가 예쁜 지환아. 엄마는 웃고 있는
지환이를 보면 저절로 기분이 좋아져.
지환이는 좋아하는 사람을 떠올릴 때 정말 예쁘게
웃는 것 같아. 사랑이 가득 담긴 눈빛으로 수줍게 입꼬리를
올리는 지환이의 미소를 보면 엄마도 함께 웃게 돼.

지환이가 고등학생일 때, 좋아하는 친구를 생각하면
두근거린다고 해서, 엄마가 네 가슴에 손바닥을 대 본 적이
있어. 심장이 밖으로 튀어나올 것처럼 쿵쾅쿵쾅 뛰고 있었어.
얼마나 좋으면 그랬을까! 생각해 보니 너는 어릴 때부터
머리가 길고 눈이 큰 여자아이를 졸졸졸 따라다녔어.
그때는 너의 모습이 참 귀엽다고만 생각했었지.
그런데 지환이가 클수록 걱정되더라. 지환이가 좋아하는
사람에게 너무 적극적으로 표현하는 것 같고,
혹시 안 좋은 일이 생길까 봐 불안했던 것 같아.

너는 그 친구가 깔끔한 남자를 좋아한다면서 양치질을
열심히 했어. 예전에는 귀찮아하고 "나중에 할게요~" 하면서
자꾸 미루었는데 말이지. 그리고 다정하고 친절하게 대해야
한다면서 거친 행동이나 욕을 하지 않으려고 노력했어.
엄마가 쓰려고 산 분홍색 머리끈을 그 친구에게
선물했다는 걸 알고 좀 섭섭했지만, 그래도 이해할게.
또, 그 친구가 너에게 귀엽다고 칭찬한 말을 듣고 기뻐서
엄마에게 전화한 것도 생각나.

얼마나 좋았는지 평소보다 훨씬 큰 목소리로 말하더라고.
사랑을 하면 예뻐진다는 말이 있거든? 지환이도 좋아하는
사람에게 잘 보이려고 노력하는 모습이 참 예뻤어.

그런데 지환이가 잘못된 행동을 한 적도 있잖아.
좋아하는 그 학생을 자랑하고 싶어서 친구들에게 그 학생의
전화번호를 알려 줬지. 지환이의 친구가 그 학생에게
자꾸 전화를 해서 그 학생의 엄마에게 어떻게 된 일이냐고
연락이 왔어. 나중에 이 일을 알게 된 엄마는 너무 놀랐어.
너에게 절대 그러면 안 된다고 말을 하고,
그 학생에게 사과하게 했지. 너도 기억하지?
그때 < 내 사과를 받아줘 >라는 그림도 그렸었잖아.

지환아, 감정을 솔직하게 표현하는 것은 좋지만,
상대방의 마음이 어떤지 잘 살펴봤으면 좋겠어.
너만 좋아하는 게 아니라 서로 같이 좋아하는 연애를 하려면
마음이 통해야 해. 무엇을 좋아하는지, 무엇을 싫어하는지도
알아야 하고 말이야. 그래야 상대방이 싫어하는 행동은
피하고, 좋아하는 행동을 하면서 좋은 관계를 만들 수 있거든.
그래도 엄마는 서툴지만 솔직하게 표현하는 너의 용기가
멋지다고 생각해. 언젠가는 지환이의 마음을 제대로
알아보는 사람이 나타나겠지. 그때까지 더욱 멋지고
좋은 사람이 될 수 있게 노력하자. 엄마가 늘 응원할게.

우리의 이야기   **연애가 하고 싶은 성인 발달장애인 10명에게 물어봤습니다**

	연애하고 있나요?	연애하고 싶나요?	애인과 어떤 데이트를 하고 싶나요?
김♪일	❌ 20대 때 동네 친구와 연애해 본 적 있다. 내가 먼저 고백했다.	⭕ 좋아하는 사람이 있다.	같이 맛있는 거 먹으러 다니고, 카페 가고 싶다. 여행도 가고 싶다.
김♪교	❌	⭕ 데이트 비용이 많이 안 들어간다면 연애하고 싶다.	영화관, 전주한옥마을에 가고 싶다.
김♪비	⭕	연애하고 있어서 괜찮다.	자동차로 드라이브하기
송♪원	❌ 나는 서투른 사람이다.	⭕ 이상형에 맞는 사람을 찾고 있다.	상대방이 원하는 음식을 같이 먹고 싶다.
송♪연	❌ 짝사랑 중이다.	하고 싶지만 안 할 거다.	밥 먹고 차 마시고 여행 가는 소소한 데이트. 다들 그렇게 연애하는 것 같아서 나도 그렇게 하고 싶다.
임♪정	❌	⭕ 30대가 된 후로 연애하고 싶어졌다.	롯데월드나 요즘 인기 있는 장소에서 하는 데이트
장♪혁	❌ 예쁘다고 생각했던 사람은 있었지만 좋아했던 사람은 없다.	⭕ 혼자서 살아가는 것은 외롭다.	남산타워 전망대 가서 사진 찍는 것
장♪용	❌ 2008년에 교환학생으로 왔던 러시아 학생을 좋아했다.	⭕ 그 사람과 연애하고 싶다.	여행 가고 싶다. 어디로 갈지는 아직 모르겠다.
정♪민	❌	⭕ 나이가 들어서 외롭다. 같이 시간을 보낼 사람이 주변에 별로 없다.	카페나 여러 군데를 돌아다니고 싶다. 바빠서 못 만나면 통화를 자주 하면 좋겠다.
홍♪숙	❌ 연예인만 좋아해 봤다.	⭕ 친구가 연애해서 나도 연애하고 싶다.	영화 보고 산책하고 싶다. 등산도 가고 싶다.

이상형은 어떤 사람인가요?	연애할 때 가장 중요한 것은 무엇일까요?	좋아하는 사람을 생각하면 어떤 마음이 드나요?	새로운 관계를 시작할 때 어떤가요?
착한 사람	서로 간의 매너. 상대방이 싫어하는 행동을 하지 않는 것.	그냥 좋다.	대화하는 게 어렵다. 어색하고 할 얘기가 없다.
'여자친구'의 '소원'. 키가 큰 사람이 좋다.	데이트 비용	글쎄요.	누구와 같이 시간을 보내고 이야기를 나눠야 할지 어렵다.
임영웅!	서로 통하는 마음. 그래야 싸우지 않고 오래 갈 수 있다.	편하고 푸근하다.	상대방에게 나에 대해 솔직하게 말하는 편이다.
나를 이해해주고 친절한 사람. 영화를 보면서 추억을 함께 나눌 수 있는 사람.	상대방의 마음을 중요하게 생각하고, 배려하는 것. 내가 이런 점이 부족한 것 같다.	어여쁜 얼굴을 가지고 있다. 가슴이 뛴다.	항상 낯설다. 하지만 상대방이 먼저 마음을 열어 준다면 나도 적극적으로 다가가고 싶다.
착하고 내 말을 잘 들어 주고 나를 챙겨 주는 사람	소통과 대화. 서로에 대해 잘 아는 게 중요한 것 같다.	그냥 좋다! 하하하	다른 사람에게 말을 거는 것은 쉽지만, 진지한 관계를 만드는 것은 어렵다. 처음부터 진지하게 다가가면 부담스러워하는 것 같다.
좋고 착한 사람	데이트 비용. 돈이 많이 들 것 같아 걱정이다.	마음을 열고, 가까이 가고 싶을 것 같다.	새로운 관계를 만나는 것을 좋아한다.
나를 잘 이해할 수 있는 사람. 긴 머리에 얼굴이 작고, 나와 키가 비슷한 사람.	연애할 수 있는 시간과 마음의 여유가 중요하다.	엄청 설렐 것 같다.	만나자마자 친해지는 편은 아니다. 두세 달 정도 함께 시간을 보내야 친해진다.
적당한 키와 큰 눈을 가진 사람. 나는 잘 깜빡하고 사고 치는 편이라 나를 잘 챙겨 주면 좋겠다.	믿음. 어떤 관계에서나 믿음이 가장 중요하다.	콩닥콩닥. 보고 싶을 것 같다.	공통점이 없는 사람과는 관계를 맺기가 어렵다.
있기는 한데 설명을 잘 못하겠다.	배려와 양보. 서로 친해지려면 이 두 가지가 중요하다.	보살펴 주고 싶다. 상대방에게 필요한 것을 내가 해 주고 싶다.	어렵다. 이유는 모르겠지만 특히 남자에게 말 걸기가 어렵다.
나에게 잘해 주고 자상한 사람	잘 모르겠다.	생각을 해 본 적이 없다.	내가 장애인이라서 내게 쉽게 다가오지 못하는 것 같다.

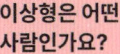

독자 코너

《쉽지》를 사랑하는 독자를 위한 코너.
무엇이든 자랑해 주세요.

김찬수 님

뮤지컬 <데스노트>를
보고 왔어요.
뮤지컬, 연극, 영화 보는 걸
좋아합니다.

김명일 님

2022년에 제가 직접 쓴
손 글씨 작품입니다.

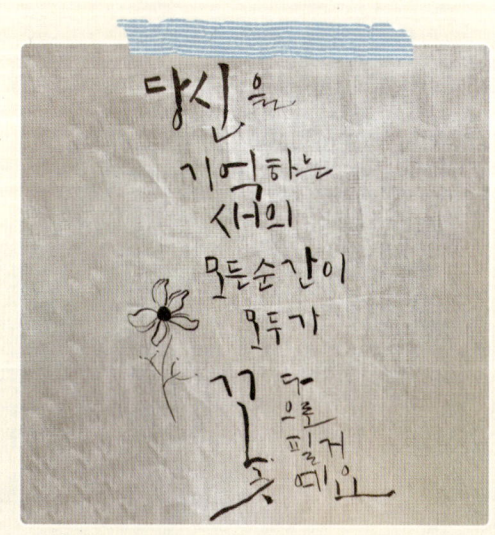

윤수민 님

제가 그린 피카츄 그림입니다.
포켓몬 그리기를 정말 좋아해요.

문윤경 님

마음이 속상할 때
다이어리를 꾸밉니다.
메모지, 스티커,
다양한 색깔 펜을 이용해 꾸며요.

독자 코너에 참여하는 방법

사진, 글, 그림 등 내가 자랑하고 싶은 것이 있다면 뭐든지 좋아요. 소소한소통에게 보내 주세요.

💬 카카오톡으로 보낸다.
QR코드를 핸드폰으로 찍으면
소소한소통 카카오톡을 등록할 수 있어요.

✉ 이메일로 보낸다.
이메일 주소 : soso@sosocomm.com

다양한 경험은 우리의 삶에 든든한 힘이 되어 줍니다.
새로운 지식을 만나면 새로운 경험을 하게 됩니다.
소소한소통의 쉬운 정보 연구소는 발달장애인에게
새로운 지식과 새로운 경험을 전하고 싶습니다.

1호   선거
2호   놀이
3호   반려동물
4호   연말
5호   노 플라스틱
6호   여름별미
7호   소비생활
8호   쉬운 정보
9호   연애

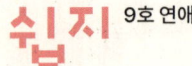 9호 연애

발행일	**발행처**	**지은이**
2023년 3월 10일	소소한소통	쉬운 정보 연구소
글·편집	**그림**	**디자인**
신수연 반재윤	권소희	홍사강
출판등록	**주소**	
2018년 8월 1일	서울특별시 영등포구 문래북로 116,	
제2019-000093호	트리플렉스 1504호	
전화	**이메일**	**홈페이지**
02-2676-3974	soso@sosocomm.com	www.sosocomm.com

ISBN 979-11-91533-06-4   13330
ISSN 2714-0164

ⓒ 소소한소통, 2023
《쉽지》에 대한 모든 권리는 소소한소통에게 있습니다.
《쉽지》에 실린 글과 그림 등은 소소한소통의 허락 없이 사용할 수 없습니다.